과학은 쉽다!

★ 초등학교 과학 교과서와 함께 봐요!

과학 3-1 지구의 모습
과학 4-1 지층과 화석
과학 4-2 화산과 지진
         화산 활동과 지진(김영사)
과학 6-1 지구와 달의 운동

* 3~6학년 과학 교과서는 출판사별로 교과 단원 순서가 달라, 순번을 표기하지 않았습니다.

차례

1 지구가 생명체라고? 지구 곳곳에 숨은 생명의 흔적

과학 탐정반 여름 방학 미션 • 8 태백산에 바다 생물이 있다고? • 10
뜨거운 물이 솟는 산이 있어? • 14 지진의 흔적을 찾아라! • 18
쇠뿔 모양 호수의 비밀 • 20 지구가 살아 있다고? 증거를 보여 줘! • 26
살아 있다는 게 뭘까? • 28

더 알아보기 생물의 공통적인 특징 • 30 도전! 퀴즈 왕 • 32
질문 있어요! 식물은 움직이지 못하는데 왜 살아 있다고 하나요? • 34

2 지구가 살아 있다는 첫 번째 증거 움직이는 땅

지구 속은 어떻게 생겼을까? • 36 땅이 맨틀 위에 둥둥 떠 있다고? • 38
온도 차이가 맨틀을 움직이게 해! • 40 지각판의 힘겨루기, 그 결과는? • 42
땅이 사라지는 곳, 땅이 생기는 곳 • 44 바닷속에서 솟아난 너의 정체는? • 46

더 알아보기 지구가 하나의 대륙이었다고? • 48 도전! 퀴즈 왕 • 50
질문 있어요! 영화에서 본 것처럼 지구 내부로 들어갈 수 있나요? • 52

3 지구가 살아 있다는 두 번째 증거 에너지를 뿜는 지구

지구는 에너지를 갖고 있어! • 54 판과 판이 부딪칠 때 지진이 일어나! • 56
전파되는 성질을 가진 에너지 • 58 지진 에너지는 어떻게 측정할까? • 60
지진 해일은 왜 일어나지? • 62 화산이 폭발하는 이유 • 64

더 알아보기 화산마다 모양이 제각각이라고? • 66 도전! 퀴즈 왕 • 68
질문 있어요! 백두산이나 한라산은 다시 폭발할까요? • 70

4 지구가 살아 있다는 세 번째 증거
땅의 모습을 바꾸는 물과 바람

지구의 얼굴이 매일 달라지고 있다고? · 72 물은 땅 디자이너! · 74
강의 흐름이 쇠뿔 모양 호수를 만들어! · 76
우리나라 서해안과 남해안의 비밀 · 78 모래 언덕을 만드는 바람 · 80
더 알아보기 지구 생명력의 근원, 지구와 달의 공전과 자전 · 82 도전! 퀴즈 왕 · 84
질문 있어요! 지구가 자전과 공전을 하지 않으면 어떻게 되나요? · 86

5 지구가 살아 있는 게 왜 중요할까?
생명체를 숨 쉬게 하는 지구

꿈틀거리는 지구가 생명을 살아 숨 쉬게 해! · 88
지구가 몸살을 앓고 있다고? · 90 생명체인 지구를 존중해야 해! · 92
더 알아보기 사람은 지구의 모습을 어떻게 바꾸었을까? · 94 도전! 퀴즈 왕 · 96
질문 있어요! 지구와 똑같은 행성이 있을까요? · 98

① 지구가 생명체라고?

지구 곳곳에 숨은 생명의 흔적

과학 탐정반 여름 방학 미션

태백산에 바다 생물이 있다고?

뜨거운 물이 솟는 산이 있어?

지진의 흔적을 찾아라!

쇠뿔 모양 호수의 비밀

지구가 살아 있다고? 증거를 보여 줘!

 과학 탐정반 선생님은 아이들이 가져온 사진 속 글자들로 '지구 살아 있다'라는 문장을 만들어 보이셨어. 그리고 사진 속 장소들이 지구가 살아 있음을 보여 주는 증거라고 하셨지. 대체 무슨 말일까?

 선생님이 사용한 방법은 탐정이 사건을 수사하는 방법인 동시에, 과학자들이 자연의 비밀을 밝히는 방법이야. 탐정이 중요한 단서와 증거들을 수집해서 사건이 어떻게 일어났는지를 밝히는 것처럼, 과학자들도 찾은 증거를 바탕으로 자연 현상의 원리를 설명하는 거지.

 앞뒤 없이 '네가 그 사건의 범인이지?'라고 말하면 아무도 그 말을 인정하지 않을 거야. 하지만 발뺌할 수 없는 증거들을 제시하면 죄를 자백할 수밖에 없지. 그래서 과학 탐정반 선생님도 아이들이 찾아온 증거들을 하나하나 설명하면서 지구가 살아 있다는 걸 증명하겠다고 한 거란다.

살아 있다는 게 뭘까?

지구가 살아 있다는 증거를 찾으려면 생명 현상이 무엇인지부터 알아야 해. 생명 현상이란 살아 있는 생물들이 나타내는 그들만의 고유한 현상이야.

사람을 예로 들어서 한번 생각해 볼까? 우리 몸이 생명을 유지하기 위해서는 무언가를 먹고 에너지를 만들어야만 해. 심장이 쿵쾅거리고, 뇌가 생각하고, 근육이 움직이는 과정은 모두 몸에서 만들어 낸 에너지 덕분에 이루어지거든. 즉 무언가가 에너지를 갖고 움직인다는 것이 바로 살아 있다는 증거야.

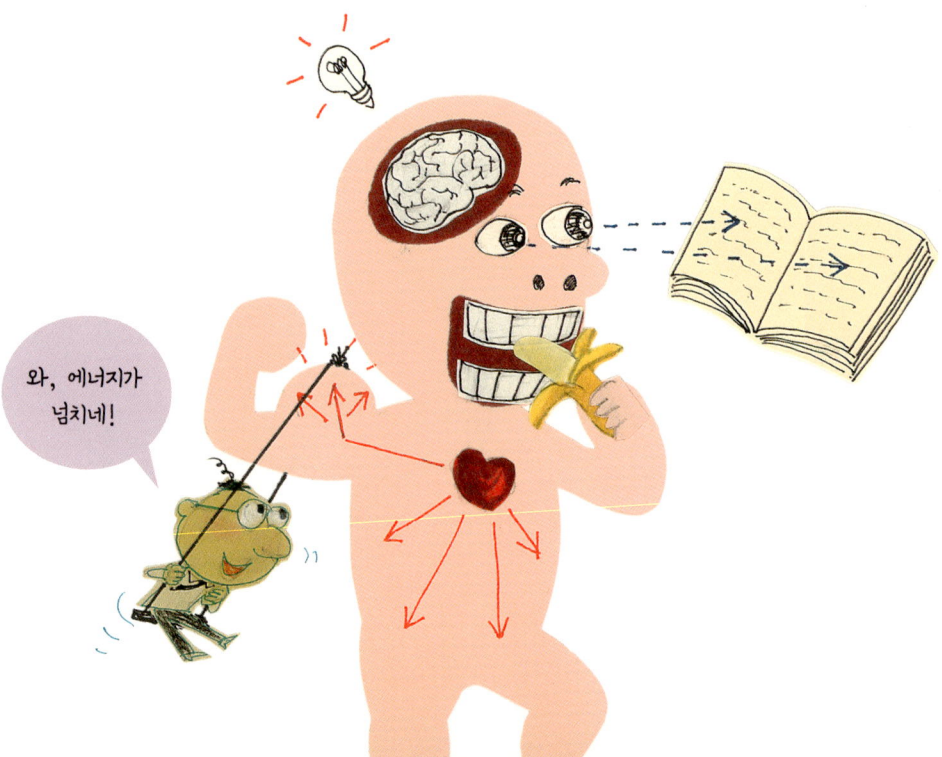

와, 에너지가 넘치네!

그럼 에너지를 갖고 움직이면 모두 살아 있다고 할 수 있을까? 만약 그렇다면 자동차나 로봇도 살아 있다고 해야 할 거야. 하지만 누구도 그렇게 생각하지 않지.

생명체의 또 다른 특징은 시간이 흐르면 모습이 변한다는 거야. 사람은 어렸을 때와 어른이 되었을 때, 할아버지 할머니가 되었을 때 모습이 모두 달라지지.

물론 이 두 가지가 생명 현상을 가리키는 특징의 전부는 아니야. 하지만 적어도 이런 특징이 있으면 살아 있는 생명체일 확률이 높다고 말할 수 있어. 그럼 이제 과학 탐정반 아이들이 찾은 증거가 어떻게 지구가 살아 있다는 걸 증명하는지 알아볼까?

> 더 알아보기

생물의 공통적인 특징

누군가가 생명 현상이 무엇인지 묻는다면 '살아 있는 생물이 가진 공통적인 특징'이라고 말할 거야. 과학자들은 살아 있는 생물이 가진 공통점이 무려 여섯 가지나 된다고 정리했어.

첫 번째는 세포로 이뤄져 있다는 거야. 사람은 수많은 세포가 모인 심장과 눈 같은 기관으로 이뤄진 복잡한 생물이야. 반면에 세포 하나로 이뤄진 생물도 있지.

두 번째는 생명을 유지하기 위해 에너지가 필요하다는 거야. 사람과 동물은 에너지를 얻기 위해 음식을 먹고, 식물은 광합성을 하지. 이렇게 에너지를 얻는 방법은 다르지만 모든 생물은 몸속에서 에너지를 만들어. 그 에너지로 심장이 쿵쾅쿵쾅 뛰고, 근육도 불끈불끈 움직이는 거야.

햇빛을 먹어야 에너지가 생겨.

세 번째는 부모님에게서 태어나고 몸이 자란다는 거야. 사람, 동물, 식물, 그리고 아주 작은 세균까지도 모두가 예외 없이 같은 과정을 거치게 돼. 그리고 네 번째는 나를 닮은 자손을 낳는다는 거야. 우리가 부모님을 닮은 것처럼 말이지. 자손을 낳는 걸 생식이라 부르고, 나와 닮은 모습과 특징을 물려주는 것을 유전이라고 해.

다섯 번째는 주위 환경이 주는 자극에 반응하는 것과 항상성을 유지한다는 거야. 갑자기 뒤에서 누가 '와!' 하고 소리치면 깜짝 놀라서 돌아보게 되지? 이때 '와!' 소리가 자극이고, 깜짝 놀란 게 반응이야. 그리고 항상성이란 사람의 체온이 36.5도로 일정하고, 심장이 쉬지 않고 일정한 간격으로 뛰는 것처럼 항상 일정하게 몸 상태가 유지되는 걸 말해.

마지막으로 생물은 춥든 덥든 환경에 맞게 적응해서 살아가는 능력을 가지고 있어. 그리고 다음 세대로 이어질수록 적응력이 강해지지.

어때? 저마다 모습은 다르지만 생명은 다양한 공통점을 가지고 있지? 지구는 비록 여섯 가지 특징을 모두 가지지는 않지만 에너지를 만들어 움직이고, 모습이 달라진다는 점은 생물과 같다고 할 수 있어.

우리 아들은 나랑 똑 닮았단 말야.

⭐ 도전! 퀴즈 왕

1. 과학 탐정반 선생님이 내 준 여름 방학 미션은 지구가 살아 있다는 증거를 찾아오는 거였어요. 각 친구들은 어디에서 어떤 흔적을 찾아냈나요?

• 재하

• 재인

• 여정

• 여원

2. 아래 문장을 잘 읽고 맞으면 O, 틀리면 X 표시 하세요.

- 과학자들은 중요한 증거들을 수집해서 자연 현상의 원리를 설명하는 방식으로 연구를 해요. (   )
- 우리 몸은 생명을 유지하기 위해서 햇빛을 받아 에너지를 만들 수 있는 능력을 가지고 있어요. (   )
- 심장이 뛰고, 뇌가 생각하고, 근육이 움직이는 건 모두 몸에서 만들어 낸 에너지 덕분이에요. (   )
- 에너지를 갖고 움직이면 모두 살아 있다고 할 수 있어요. 로봇도, 자동차도 살아 있는 생명체죠. (   )

3. 생물의 공통적인 특징에 대한 다음 설명 중에서 틀린 것을 고르세요.

① 모든 생물은 세포로 이뤄져 있어요.

② 생물이 생명을 유지하기 위해서는 에너지가 필요해요.

③ 생물은 부모님에게서 태어나고 시간이 지나면서 몸이 자라요.

④ 생물은 춥든 덥든 그 환경에 맞게 적응해서 살아가는 능력을 가졌지만 다음 세대로 이어지면 그 적응력이 모두 사라져요.

질문 있어요!

식물은 움직이지 못하는데 왜 살아 있다고 하나요?

식물은 움직이지 못하지만 생물의 특징을 모두 가지기 때문에 생명이 있다고 하는 거야. 생물이 가진 여섯 가지 특징을 기억하지? 지금부터 식물이 가진 특징을 살펴보자!

먼저 식물은 세포로 이뤄져 있어. 현미경으로 보면 알 수 있지. 식물은 광합성을 하고, 땅속에 있는 뿌리로 물과 영양분을 흡수해서 에너지를 만들어 내. 또 식물은 그 에너지를 이용해서 쑥쑥 자라나고, 씨앗을 만들어서 똑 닮은 후손을 주위에 퍼뜨리지.

해바라기는 햇빛이 있는 방향을 바라본다는 거 알고 있니? 모든 식물은 해바라기처럼 햇빛을 포함한 주위 자극에 반응하고, 잎 뒤에 있는 기공을 통해 수증기를 배출해서 내부 상태를 항상 일정하게 유지해. 어때? 식물이 움직이지만 못할 뿐 우리랑 똑같은 생물이라는 걸 알 수 있겠지?

② 지구가 살아 있다는 첫 번째 증거

움직이는 땅

지구 속은 어떻게 생겼을까?

지구가 살아 있다는 증거를 찾기 전에 지구의 진짜 모습에 대해 얼마나 알고 있는지부터 알아볼까?

먼 옛날 인도 사람들은 커다란 뱀 위에 거북이가 앉고, 그 위에서 네 마리의 코끼리가 원반 모양의 지구를 떠받든다고 생각했대. 또 유럽 사람들은 배가 수평선 끝에 닿으면 낭떠러지가 나타나고, 그 밑에는 괴물이 입을 벌리고 있다고 생각했지.

하지만 지금은 과학자들의 노력으로 지구가 둥글고, 지구 내부는 여러 개의 층으로 나누어진다는 사실을 알게 됐어.

지구 가장 바깥쪽에 있는 층은 우리가 발을 딛고 있는 단단한 지각이야. 바다 밑에 있는 지각은 '해양 지각', 대륙을 이루는 지각은 '대륙 지각'이라고 불러.

지각 바로 밑에는 맨틀이 자리 잡고 있어. 맨틀도 지각처럼 암석으로 이루어져 있지만, 너무 뜨거워서 대부분 물컹물컹하게 녹아 있는 상태야.

마지막으로 지구 가장 깊은 곳은 외핵과 내핵이라는 두 개의 층으로 이루어져 있어. 외핵은 액체 상태의 금속이고, 내핵은 온도가 약 5400도 정도이고 고체로 추정돼.

땅이 맨틀 위에 둥둥 떠 있다고?

지구의 구조를 음식에 한번 비유해 볼까? 겉은 바삭바삭하고 속은 촉촉한 단팥빵을 떠올려 봐. 가장 중심에 있는 팥이 핵이라면 팥을 둘러싼 빵은 맨틀이고, 그 위에 얹힌 달콤하고 바삭한 덩어리들은 지각이라고 할 수 있어.

빵의 표면이 매끈하지 않고 오돌도돌한 것처럼, 우리가 살고 있는 지각도 쪼개지거나 금이 가 있어. 과학자들은 이렇게 갈라져 있는 각각의 지각을 판이라고 불러.

지구 표면은 여러 개의 판이 마치 완성된 퍼즐처럼 정확하게 이어져 있어. 그리고 이 판들은 한자리에 멈춰 있지 않고 계속 움직이지. 고무 튜브를 타고 물에 떠 있으면 튜브가 물의 움직임에 따라 조금씩 이동하잖아? 그것처럼 각각의 지각판은 그 아래에 있는 맨틀의 움직임에 따라 움직여. 단, 지각판이 움직이는 속도가 매우 느려서 우리가 느끼지는 못해. 일 년에 고작 몇 센티미터밖에 움직이지 않거든.

저 바삭바삭한 겉면을
우리가 사는 땅이라고
할 수 있단 말?

온도 차이가 맨틀을 움직이게 해!

맨틀은 왜 움직이는 걸까? 과학자들의 연구에 따르면 맨틀이 움직이는 이유는 지구 깊은 곳과 지표면 사이의 온도 차이 때문이래.

따뜻한 물에 손을 넣은 다음, 갑자기 차가운 물을 부어 봐. 차가운 물이 밑으로 내려가면서 천천히 퍼져 나가는 걸 느낄 수 있을 거야. 물이 끓는 것도 같은 원리야. 물을 끓이면 데워진 물은 위로 올라가고, 차가운 물은 아래로 내려오겠지? 그 과정이 반복되면서 열이 물 전체로 전달되는 거야. 이렇게 찬물이 아래로 내려가고 따뜻한 물이 위로 올라가는 걸 **대류 운동**이라고 해. 맨틀이 움직이는 건 바로 이 대류 운동 때문이지.

지구 깊은 곳은 온도가 높고 지표면에 가까울수록 온도가 낮아. 그래서 바깥쪽에 있는 맨틀은 안쪽으로 움직이고, 지구 중심 쪽에 있는 맨틀은 바깥쪽으로 움직이는 거야.

지각판의 힘겨루기, 그 결과는?

우리가 모르는 사이에 지각이 조금씩 움직이고 있다니 정말 놀랍지? 여기서 질문! 과연 지각판들은 같은 방향으로 움직일까? 아니면 서로 다른 방향으로 움직일까?

정답은 '서로 다른 방향으로 움직인다'야. 각각의 지각판 밑에 있는 맨틀이 어느 방향으로 움직이느냐에 따라서 지각판의 이동 방향이 결정되지.

그런데 지각은 완성된 퍼즐처럼 빈틈없이 자리 잡고 있어서 움직일 수 있는 공간이 거의 없어. 그래서 서로 다른 방향으로 움직이는 지각들은 종종 밀고 밀리는 힘겨루기를 해.

지각들이 힘겨루기를 벌이면 어떻게 될까? 둘 중 하나가 부러지거나, 둘 다 부러져 버릴까? 다행히 지각은 그렇게 될 때까지 힘겨루기를 벌이지는 않아. 더 무거운 지각은 밑으로 내려가고, 가벼운 지각은 위로 올라가지. 보통은 해양 지각이 밑으로 내려가고 대륙 지각이 위로 올라가.

땅이 사라지는 곳, 땅이 생기는 곳

대륙 지각 밑으로 내려간 해양 지각은 불처럼 뜨거운 맨틀에 풍덩 빠져. 그러고는 물컹물컹한 상태로 변해 맨틀의 일부가 되지. 이렇게 지각이 사라지면서 길고 깊게 팬 지형이 만들어지는데 이런 지형을 해구라고 해. 지형이란 땅의 모양을 의미하고, 해구란 '바다 밑에 깊게 팬 도랑'이라는 뜻이야.

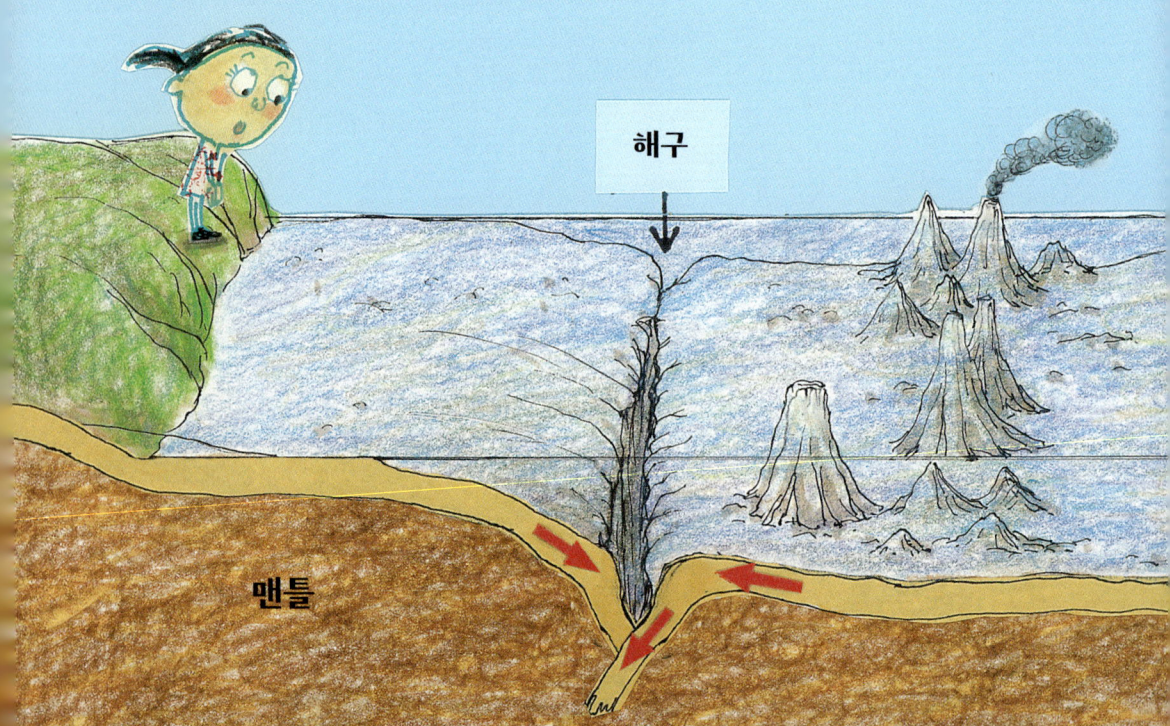

서로 충돌하려는 판 말고 멀어지려는 판도 있어. 맨틀은 암석이 물컹물컹하게 녹아 위아래로 움직인다고 했잖아? 그럼 아래에서 위로 올라오는 맨틀이 지각판을 만나면 어떻게 될까?

지각판에 부딪힌 맨틀은 지각판 조각들을 사방으로 밀어내. 그러다 지각의 갈라진 틈으로 올라온 맨틀의 일부가 새로운 지각이 되지. 이렇게 땅이 생겨나는 곳은 해령이라고 해. 해령은 '바닷속에 있는 산맥'이라는 뜻이야.

어때? 맨틀의 움직임에 따라 지각판이 이동하면서 한쪽에서는 땅이 사라지고, 한쪽에서는 땅이 생겨난다니 신기하지?

바닷속에서 솟아난 너의 정체는?

바닷속에서 새롭게 생긴 땅은 가끔 바다 위로 올라오기도 해.

해구 주변에는 육지나 바다에서 떠내려온 물질들이 바닥에 차곡차곡 쌓여서 만들어진 **퇴적암**이 있어. 퇴적암은 그리 단단하지 않아서 힘을 받으면 쉽게 휘어지지. 바닷속에 있던 이 퇴적암층이 판과 판이 충돌할 때 힘을 받아 바다 밖으로 솟아오르기도 하는 거야.

바닷물 높이가 낮아져서 이미 물 밖으로 나와 있던 퇴적암층은 힘을 받아서 산이 되기도 하지. 유럽의 알프스산맥과 아시아의 히말라야산맥이 바로 판과 판이 충돌해서 생긴 산들이야. 알프스산맥은 아프리카 대륙이 속한 아프리카판과 유럽과 아시아 대륙이 속한 유라시아판이 충돌하면서 솟아오른 산맥이야. 히말라야산맥은 인도가 속한 인도판과 유라시아판이 충돌해서 만들어졌어.

우리나라에 있는 태백산맥도 똑같은 방식으로 생겼어. 재하네 가족이 태백산에서 발견한 건, 5억 년 전 바다에 살았던 삼엽충의 화석이었어. 오래전 태백산이 바닷속에 잠긴 퇴적암 지대였기 때문에 그 화석이 생긴 거야.

삼엽충이 죽은 뒤 그 위로 계속 퇴적물들이 쌓였고, 오랜 시간이 지난 후 삼엽충 화석이 포함된 퇴적암 지대가 물 밖으로 나오게 되었을 거야. 그리고 이 퇴적암층이 지구 내부의 힘을 받아 산맥이 되면서 삼엽충 화석이 해발 1200미터 높이에서 발견된 거지. 어때? 이제 왜 태백산의 삼엽충 화석이 지구가 살아 있는 증거가 되는지 잘 알겠지?

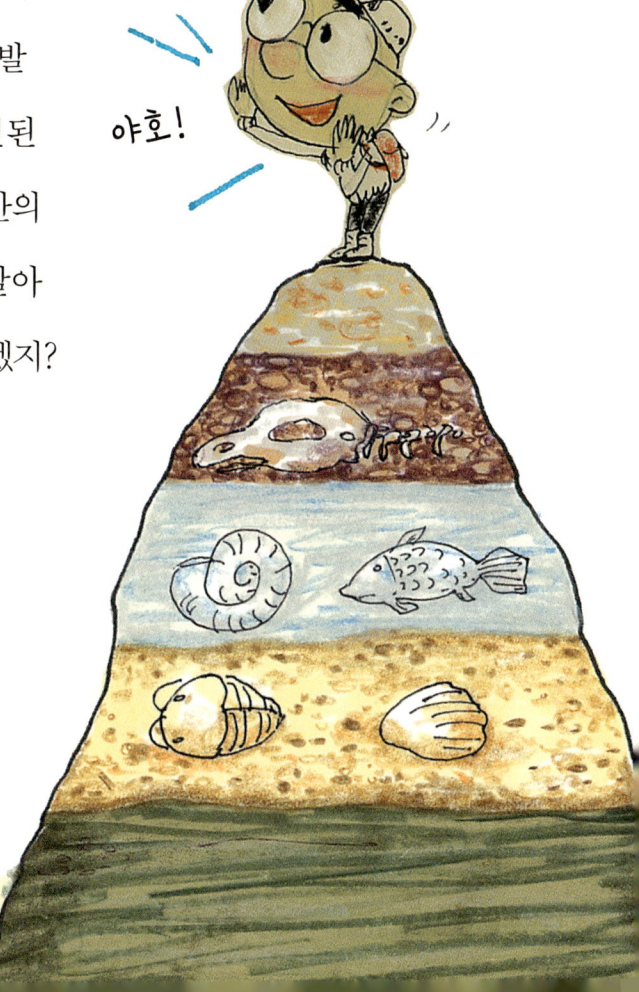

> 더 알아보기

지구가 하나의 대륙이었다고?

 지구의 지각판이 맨틀 위에서 이리저리 움직이고 서로 부딪친다는 이야기 기억하지? 이런 생각은 누가 처음 했을까? 또 그렇게 생각한 증거는 무엇이었는지 궁금하지 않니?

 16세기에 세계 지도가 활발하게 만들어지기 시작하면서 몇몇 과학자들은 지구의 지각이 움직인다는 생각을 하게 됐어. 하지만 당시에는 큰 주목을 받지 못했지. 그러다가 알프레트 베게너라는 독일 기상학자가 1912년에 지각의 움직임 때문에 하나였던 지구의 대륙이 갈라졌다는 '대륙 이동설'을 주장했고, 많은 사람들이 관심을 갖기 시작했어.

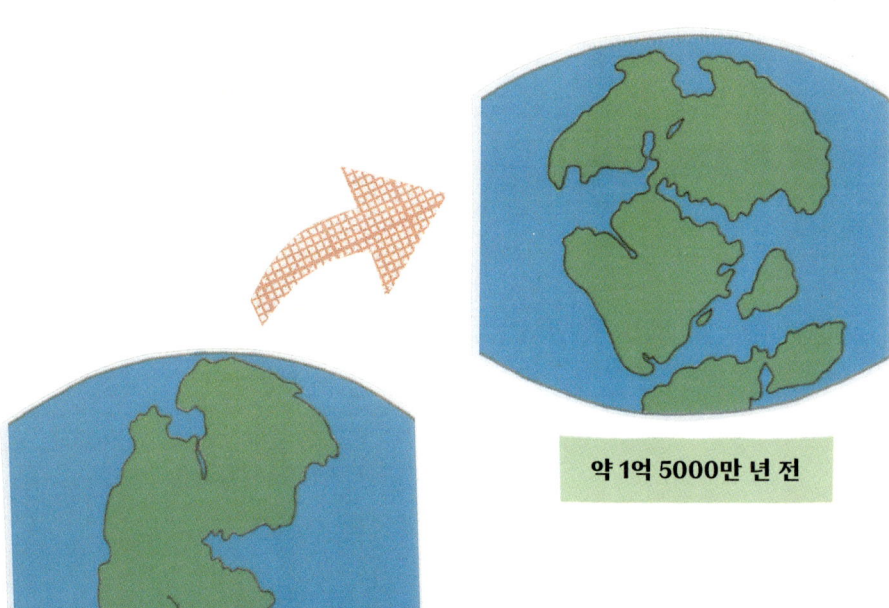

약 1억 5000만 년 전

약 2억 2500만 년 전

베게너가 제시한 증거는 크게 네 가지였어. 먼저, 현재 떨어져 있는 남아메리카와 아프리카 대륙의 해안선 모양이 아주 비슷하다는 거야. 마치 퍼즐 조각처럼 말이야. 지도를 한번 보렴. 완벽하게 들어맞지는 않지만, 서로 붙어 있었다고 보기에는 충분하지?

또 다른 증거는 남아메리카, 아프리카, 남극 등 여러 대륙에서 같은 종류의 고생물 화석이 발견된다는 거야. 이뿐만 아니라 현재 떨어져 있는 북아메리카와 유럽의 지질 구조도 많이 비슷해.

베게너는 인도와 호주 같은 더운 나라에서 오래전 빙하가 있었던 흔적이 발견되는 것도 또 하나의 증거라고 주장했어. 듣고 보니 고개가 끄덕여지지 않니?

현재

베게너는 원래 하나였던 지구 대륙이 지각의 이동 때문에 갈라졌다고 주장했어.

 도전! 퀴즈 왕

1. 아래 글을 잘 읽고 무엇을 설명하는지 적어 보세요.

① 지구 가장 안쪽에 있는 두 개의 층이에요.

　　　(　　　　　,　　　　　)

② 우리가 발을 딛고 있는 지구의 가장 바깥쪽 층을 말해요. (　　　　　)

③ 대류 운동을 해요. 지구의 가장 바깥쪽 층을 움직이게 만들어요.

　　　(　　　　　)

④ 바닷속에는 육지나 바다에서 떠내려온 물질들이 쌓여서 만들어진 암석이 있어요. 어떤 암석일까요? (　　　　　)

2. 아래 설명을 잘 읽고 틀린 것을 고르세요.

① 옛날 인도 사람들은 코끼리와 거북이, 그리고 뱀이 원반 모양으로 생긴 지구를 떠받든다고 생각했어요.

② 지금은 과학자들의 노력으로 지구가 둥글고, 지구 내부는 여러 개의 층으로 나누어진다는 사실을 알게 됐어요.

③ 지구의 표면을 이루는 땅은 여러 개의 조각으로 나뉘어 있는데 각각을 층이라고 불러요.

④ 지구는 땅속으로 내려갈수록 뜨거워져요.

3. 아래 상자에 쓰인 글을 읽고 '이것'이 무엇인지 쓰세요.

- 알프레트 베게너라는 독일 학자가 1912년에 '이것'을 발표했어요.
- 베게너는 '이것'의 증거로 남아메리카와 아프리카 대륙의 마주 보는 해안선을 들었어요. 대서양을 사이에 두고 양쪽에 떨어져 있는 이들 해안선의 모양이 아주 비슷하다면서요.
- '이것'의 또 다른 증거는 남아메리카, 아프리카, 남극 등 여러 대륙에서 같은 종류의 고생물 화석이 발견된다는 거예요. 또, 현재 떨어져 있는 북아메리카와 유럽의 지질 구조도 많이 비슷하지요.

4. 아래 상자의 글을 잘 읽고 빈칸에 알맞은 단어를 써 보세요.

유럽의 (①)과 아시아의 (②)은 (③)과 (③)이 충돌해서 생긴 산들이에요. (①)은 아프리카 대륙이 속한 아프리카(③)과 유럽과 아시아 대륙이 속한 유라시아(③)이 충돌하면서 솟아오른 산맥이에요. (②)은 인도가 속한 인도(③)과 유라시아(③)이 충돌해서 만들어졌어요.

① ② ③

질문 있어요!

 영화에서 본 것처럼 지구 내부로 들어갈 수 있나요?

예전 영화 중에 멈춰 버린 지구의 핵을 움직이게 하려고 특수한 탐사선을 타고 지구의 핵으로 내려가는 사람 이야기가 있어. 그런데 정말 실제로도 사람이 지구의 중심까지 내려갈 수 있을까?

이 영화의 설정은 현실에서는 불가능한 이야기야. 지구의 핵까지 내려가려면 극복해야 할 것이 몇 가지 있는데, 인간의 현재 기술로는 그게 불가능하거든. 우선 어마어마한 압력을 견디는 특수 장치가 필요해. 지상에서 우리 몸이 받는 압력은 약 1기압이야. 인간은 11킬로미터 깊이의 바다 밑까지는 탐험해 봤어. 이 바다는 약 1100기압 정도라고 해. 그렇다면 지구의 핵은 어떨까? 핵은 지하 약 2900킬로미터 이하에서 지구 중심까지 분포하고 있으니 아주 큰 압력을 견디는 장치를 만들어야 해.

두 번째로 필요한 것은 엄청난 열을 견디는 재료야. 맨틀을 지나 외핵, 내핵으로 내려가려면 섭씨 3000~6000도의 온도에서도 아무런 지장 없이 활동하는 장치를 만들어야 하기 때문이지. 이런 온도를 견디며 사람이 탈 수 있는 장치를 만드는 것은 현재 기술로는 어려워.

③ 지구가 살아 있다는 두 번째 증거

에너지를 뿜는 지구

지구는 에너지를 갖고 있어!

지구가 움직인다는 말이 이해되니? 움직이는 건 알겠지만, 그것만으로 살아 있다고 할 수는 없다고? 그렇다면 또 다른 증거를 보여 줄게. 지구는 살아 있는 생명체처럼 에너지를 갖고 있단다.

'에너지를 얻는 방법' 하면 뭐가 떠올라? '밥'이라고? 딩동댕, 정답이야! 사람도, 동물도, 식물도 모두 뭔가를 먹어야 영양분을 얻고 에너지를 만들 수 있어. 사람과 동물은 음식을 먹고, 식물은 뿌리를 통해 땅에 있는 영양분을 흡수하거나 광합성 작용으로 에너지를 얻지.

꽃이 피고, 나비가 날아다니고, 우리가 걸어 다니는 것 모두가 에너지를 갖고 있다는 증거야. 그리고 지구상의 생명체들이 에너지를 갖고 살아가는 것처럼, 지구도 에너지를 갖고 있어. 그 증거가 바로 지진과 지진 해일, 화산이지.

판과 판이 부딪칠 때 지진이 일어나!

지진이 왜 지구가 에너지를 갖고 있다는 증거냐고? 지진은 지구 내부의 에너지가 지각판을 움직이게 하면서 생기는 현상이거든. 무슨 얘기냐고? 지금부터 구체적으로 알려 줄게.

앞서 43쪽에서 말한 것처럼 해양 지각과 대륙 지각이 만나면 두 개의 판이 힘겨루기를 하다가 더 무거운 해양 지각이 대륙 지각 밑으로 들어가게 되잖아. 대부분 이때 지진이 발생하게 돼.

한번 상상해 봐. 땅에서 큰 상자를 밀고 가다가 바닥에 박힌 돌에 걸리면 어떻게 할까? 아마 대부분의 사람들은 힘을 더 줘서 상자를 밀 거야. 그러다가 미는 힘에 돌멩이가 바닥에서 뽑히면 상자가 아주 빠르게 움직이겠지. 힘을 줘서 상자를 밀던 사람이 넘어질 수 있을 만큼 말이야.

힘겨루기를 하는 판과 판 사이에서도 비슷한 일이 일어나. 대륙 지각 밑으로 내려가던 해양 지각은 장애물을 만나면 한동안 움직이지 못하고 그 자리에 멈춰 있어. 오랫동안 힘을 준 끝에 마침내 장애물이 사라지면, 순간 해양 지각은 아주 빠른 속도로 움직이게 돼. 이렇게 에너지가 갑자기 뿜어 나오면서 진동이 일어나는 게 바로 지진이야.

이 힘겨루기의 결과는?

전파되는 성질을 가진 에너지

 땅속 깊은 곳에서 지각이 조금 움직인 것 때문에 도로가 끊기고 건물이 무너진다니, 이해하기 어렵다고?

 쇠붙이 한쪽을 따뜻하게 데우면 곧 열기가 전체로 퍼져 나가. 에너지는 전파되는 성질을 가지고 있거든. 지진도 마찬가지야. 지진을 발생시킨 땅속 에너지가 땅 위까지 영향을 미치는 거지.

 그런데 지진이 일어났다는 뉴스를 보면 어떤 곳은 피해가 크고, 어떤 곳은 별로 피해가 없어. 왜 그럴까? 그건 지진이 일어날 때 생기는 에너지의 크기와 지진이 일어난 위치에 따라 땅 위까지 전달되는 에너지의 크기가 다르기 때문이야. 먼 곳에서는 크게 소리를 질러도 잘 들리지 않지만, 가까이서는 잘 들리는 것과 같은 원리지.

지진이 일어난 위치와 지진의 에너지에 대해 알려면 '진원', '진앙', '규모', '진도' 같은 단어들을 잘 알아야 해.

진원은 지진이 처음 일어난 곳이야. 땅속에 있지. 진앙은 진원 바로 위에 있는 땅이고. 지진이 일어났을 때 땅 위에서 가장 센 진동을 느끼는 곳은 대부분 진앙이야.

규모는 지진이 만들어 낸 에너지의 크기인데, 어디서 측정하든 값이 똑같아. 반면에 진도는 관측 장소에서 느끼는 지진의 세기여서, 어디에서 측정하느냐에 따라 값이 달라져.

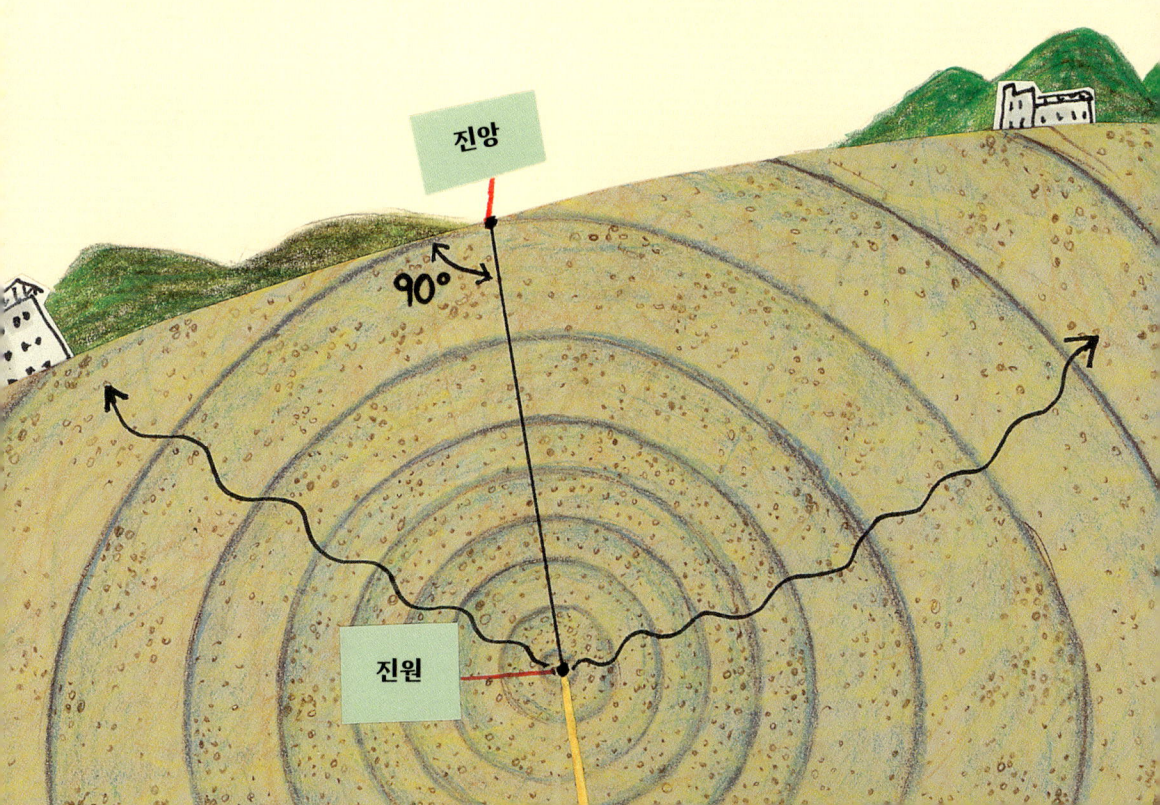

지진 에너지는 어떻게 측정할까?

지진의 '규모'는 **지진계**라는 장치로 측정해. 지진계의 원리는 아주 간단해. 쇠구슬에 실을 연결한 뒤 실 끝을 손가락으로 잡아서 쇠구슬을 들고 있다고 생각해 봐. 이때 실을 앞뒤나 좌우로 흔들어도 쇠구슬은 움직이지 않아. 손과 실만 움직이지.

지진계는 바로 이 원리를 이용한 거야. 펜촉이 달린 추를 매달아 움직이지 않게 한 다음, 펜을 종이 두루마리에 닿게 놓아 둬. 그러면 지진이 일어났을 때 땅이 흔들리는 정도가 그대로 종이에 기록돼. 추는 움직이지 않고 종이만 움직이기 때문이지. 이렇게 지진계로 측정한 땅의 흔들림을 비교 분석하면 지진의 규모를 알아낼 수 있어.

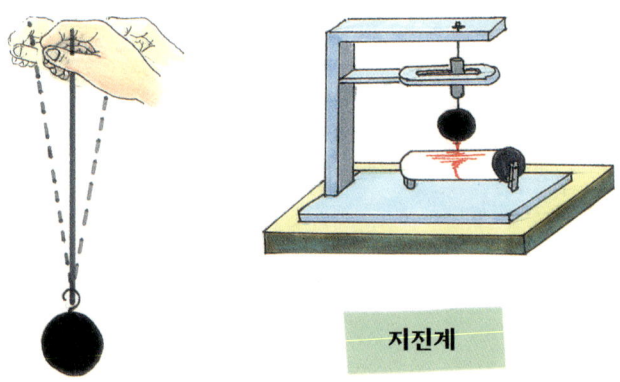

지진계

'진도'는 지진이 일어났을 때 현장에 있는 사람들의 느낌이나 주변 건물의 피해를 기준으로 정하는 지진의 세기야.

예를 들어 매달린 물체가 약하게 움직인다면 '진도 3', 대부분의 건물이 붕괴되고, 기차 선로가 휘어지면 '진도 10'이라고 결정하는 식이지.

우리나라에서 사용하는 12등급의 '수정 메르칼리 진도 계급'

진도 3

진도 5

진도 8

진도 11

지진 해일은 왜 일어나지?

지진 해일은 '쓰나미'라고도 하는데, 바다 밑에서 일어나는 지진이나 화산 폭발로 해수면에 큰 출렁임이 생기는 걸 말해.

수영장 물속에서 발차기를 하면 수면이 크게 출렁거리지? 그 것과 같은 원리야. 바다 밑에서 지진이 일어나면 그 에너지가 바닷물에도 전달돼서 지진 해일을 일으키는 거지.

깊은 바다에서 생겨난 에너지가 어떻게 집채만 한 파도를 일 으키냐고? 파도는 보통 물 위에서 부는 바람이 일으켜. 에너지 의 크기가 작아서 파도는 그다지 높지 않지.

하지만 지진 해일은 깊은 바닷속에서 생겨난 거대한 에너지가 바닷물 전체를 흔들면서 만들어져. 게다가 바닷가에 가까울수록 수심이 얕아지고 바닷물 양도 적어지잖아? 에너지는 그대로인데 물의 양이 줄어들다 보니 파도 높이가 어마어마하게 높아져서 지진 해일이 일어나는 거야.

지난 2011년 일본에서 일어난 동일본 대지진 때는 높이가 무려 약 40미터나 되는 거대한 파도가 마을을 덮치기도 했어.

화산이 폭발하는 이유

형제자매는 부모님이 같은 사람들을 말해. 지진에게도 형제자매 같은 자연 현상이 있지. 바로 지구가 만든 에너지로 생기는 화산 활동이야!

세계 지도에 지진이 자주 발생하는 지역을 표시해 보면, 화산이 있는 곳과 거의 일치한다는 걸 알 수 있어. 고작 이 사실 하나로 어떻게 지진의 형제자매라고 하냐고? 음, 화산이 만들어지는 원리를 보면 생각이 바뀔걸?

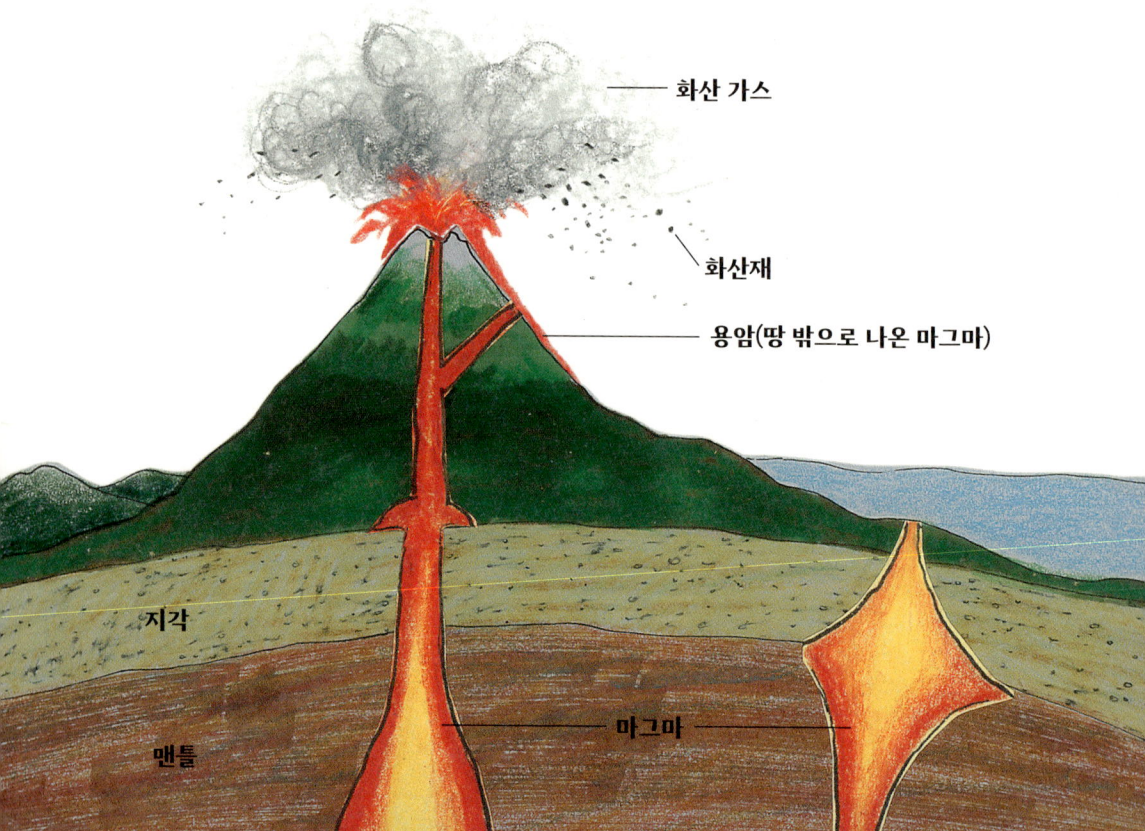

추울 때 손바닥을 비비면 열이 나면서 따뜻한 기운을 느낄 수 있지? 판과 판이 부딪칠 때도 많은 열이 나서 주변에 있는 암석들이 녹아내려. 그게 마그마가 되어 지표면의 약한 부분을 뚫고 나오면서 화산이 만들어지는 거야. 이런 현상을 화산 활동, 화산 폭발이라고들 부르지. 마그마도 지진처럼 맨틀이 지각판을 움직일 때 만들어진다는 말씀!

어때? 화산 활동이 지진의 형제자매 맞는 거 같지? 그런데 때로는 판끼리 충돌하지 않고 마그마가 생기기도 해. 맨틀과 만나는 지각판 맨 아랫부분이 높은 온도 때문에 녹아내리기도 하거든.

재인이네 가족이 사진으로 본 백두산 온천은 마그마가 만든 특별한 자연 현상이야. 화산 지역에서는 마그마의 열 때문에 언제나 뜨거운 물이 흘러나오는 온천을 볼 수 있어. 이제 왜 선생님이 온천을 지구가 살아 있는 증거라고 말했는지 알겠지?

> 더 알아보기

화산마다 모양이 제각각이라고?

   화산은 모두 똑같다고 생각하기 쉽지만 사실 그렇지 않아. 어떤 종류의 마그마를 품고 있는지에 따라 화산의 모양이 둥글넓적하기도 하고, 가파르고 뾰족하게 솟기도 하거든. 지금부터 다양한 화산 지형에 대해 알아볼까?

   먼저 미국 하와이에서 볼 수 있는 '순상 화산'이 있어. 순상 화산은 마치 방패를 바닥에 덮어 놓은 듯한 모양의 화산을 말해. 마그마의 끈적이는 정도가 약해서 분출된 마그마가 땅 위를 멀리 흘러가면서 점차 굳은 화산이지. 그래서 멀리서 보면 마치 높은 언덕처럼 보이기도 해.

마그마의 종류에 따라 화산의 모양이 변하는구나!

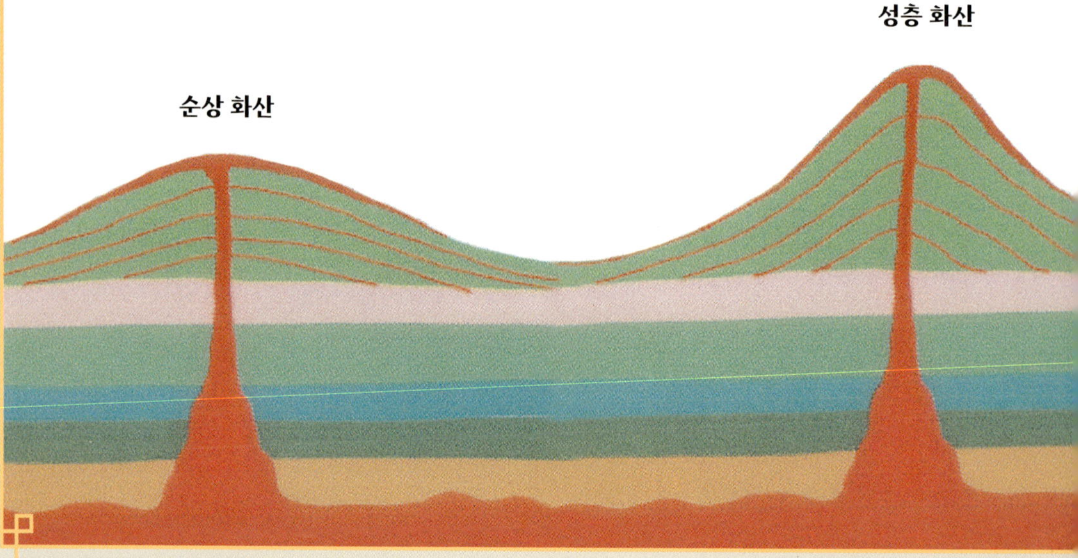

순상 화산

성층 화산

이번엔 순상 화산과 반대로 종처럼 불쑥 솟아 있는 '종상 화산'을 소개할게. 우리나라의 제주도에 있는 산방산이 대표적인 종상 화산이지. 종상 화산은 순상 화산과 달리 엄청 끈적끈적한 마그마가 땅을 뚫고 나와서 만들어져. 끈적끈적한 액체는 잘 흘러가지 않잖아? 그래서 종상 화산은 분출된 마그마가 멀리 흘러가지 못하고 굳어서 가파른 모양이 됐어.

마지막은 '성층 화산'이야. 성층 화산은 복합 화산이라고도 부르는데, 그 이유는 순상 화산과 종상 화산이 합쳐진 형태이기 때문이야. 순상 화산이 만들어진 곳에 훗날 새로 마그마가 분출되면서 종상 화산이 만들어진 거지. 북한과 중국 국경에 있는 백두산이 대표적인 성층 화산이야.

종상 화산

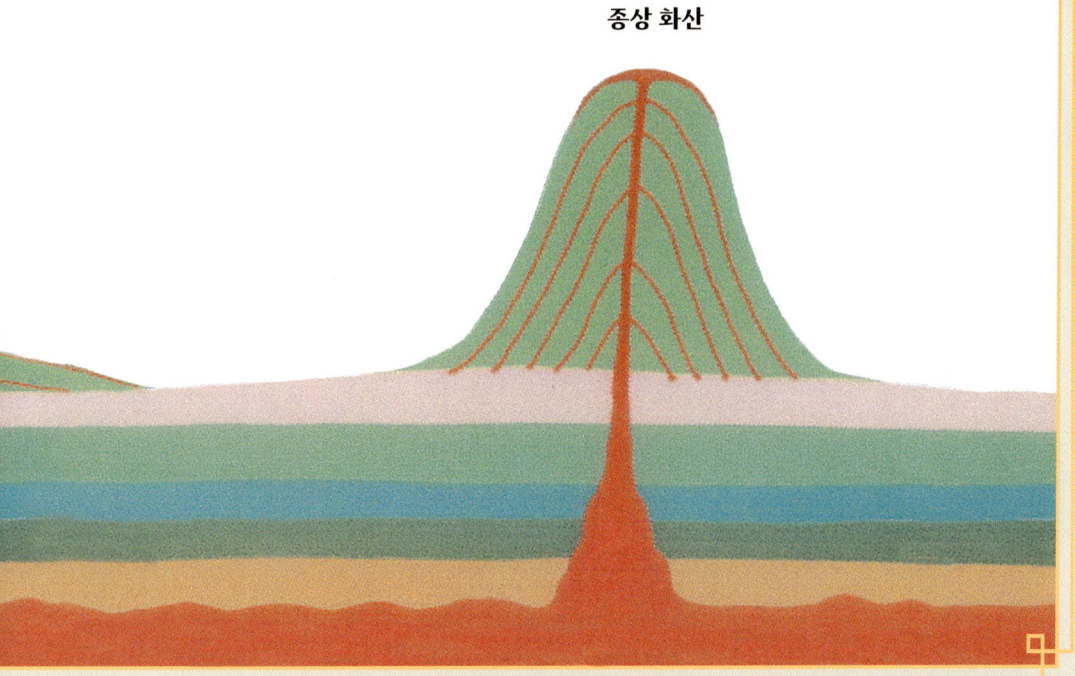

★ 도전! 퀴즈 왕

1. 아래 글을 잘 읽고 괄호 안의 단어 중 맞는 것에 동그라미 치세요.

① (해양 지각, 대륙 지각) 밑으로 내려가던 (해양 지각, 대륙 지각)은 장애물을 만나면 한동안 움직이지 못하고 그 자리에 멈춰 있어요. 오랫동안 그러던 끝에 장애물이 사라지면 아주 빠른 속도로 움직이게 되죠. 이렇게 에너지가 뿜어 나오면서 진동이 일어나는 게 바로 (지진, 지진 해일, 화산)이에요.

② 판과 판이 부딪치면 많은 열이 나서 주변에 있는 암석들이 녹아내려요. 그게 (마그마, 지각)가 되어 지표면의 약한 부분을 뚫고 나오면서 (지진, 화산, 지진 해일)이 만들어져요.

③ (순상 화산, 종상 화산, 성층 화산)은 마그마의 끈적이는 정도가 약해서 분출된 마그마가 땅 위를 멀리 흘러가면서 점차 굳어진 화산이에요.

2. 아래 상자에 쓰인 글을 읽고 무엇에 대한 설명인지 쓰세요.

- 지진의 규모를 측정하는 장치예요.
- 지진이 일어났을 때 땅이 흔들리는 정도를 기록해요.
- 과학자들은 지진이 났을 때 이 장치로 측정한 땅의 흔들림을 분석해서 지진의 규모를 결정해요.

3. 왼쪽 설명에 맞는 단어를 찾아 줄을 그어 보세요.

① 땅속에서 지진이 처음 일어난 곳이에요. • • ㉠ 진앙

② 지진이 처음 일어난 곳 바로 위에 있는 땅을 말해요. • • ㉡ 규모

③ 지진이 만들어 낸 에너지의 크기를 말해요. 어디서 측정하든 값이 똑같아요. • • ㉢ 진도

④ 관측 장소에서 느끼는 지진의 세기를 말해요. 어디에서 측정하느냐에 따라서 값이 달라져요. • • ㉣ 진원

4. 아래 설명을 잘 읽고 틀린 것을 고르세요.

① 지진 해일은 바다 밑에서 일어나는 지진이나 화산 폭발에 의해 해수면에 큰 출렁임이 생기는 걸 말해요.

② 지진 해일의 높이가 높은 이유는 바닷물이 많기 때문이에요.

③ 화산 활동은 땅속 깊은 곳에서 만들어진 마그마가 땅 위로 분출되거나 폭발을 일으키는 현상을 말해요.

④ 화산 지역에서는 마그마의 열 때문에 뜨거운 물이 나오는 온천을 볼 수 있어요.

정답 1.①대력 지진, 해양 지진, 지진 ②아디오르 판서른 ③운상 흥시 2.지진계
3.①-㉣ ②-㉠ ③-㉡ ④-㉢ 4.②

질문 있어요!

 백두산이나 한라산은 다시 폭발할까요?

우리가 사는 한반도의 북쪽과 남쪽 끝에는 거대한 화산이 자리 잡고 있어. 바로 백두산과 한라산이야. 둘은 땅속 마그마가 솟아올라 만들어진 화산이고, 꼭대기 분화구에 물이 있다는 공통점이 있어. 하지만 백두산은 당장이라도 분화할 수 있는 활화산이고, 한라산은 분화할 조짐이 뚜렷이 나타나지 않는다는 차이가 있지.

백두산이 화산 활동을 계속하고 있다는 증거는 너무나도 많아. 『조선왕조실록』에 따르면 백두산은 1668년, 1702년에 폭발했다고 해. 마지막으로 폭발한 것은 약 100년 전이었지. 그리고 백두산 꼭대기에 있는 못 주변에서는 마그마의 열에 의해 온천수가 흘러나오고, 화산 가스도 뿜어져 나오고 있어. 또 화산 활동으로 화산 지진도 자주 나타나.

한라산은 백두산에 비해 마그마가 활동하고 있다는 증거가 별로 없어. 온천수도, 화산 가스도, 화산 지진도 발생하지 않지. 그리고 가장 최근에 분화한 기록이 약 1천 년쯤 전이라 백두산보다는 분화할 위험이 낮다고 할 수 있어.

④ 지구가 살아 있다는 세 번째 증거

땅의 모습을 바꾸는 물과 바람

지구의 얼굴이 매일 달라지고 있다고?

지구가 다른 생명체처럼 에너지를 갖는다는 사실, 이제 잘 알겠지? 그런데 지구가 살아 있음을 보여 주는 증거가 또 하나 있어. 바로 지구의 얼굴이 날마다 조금씩 달라진다는 거야.

지구의 얼굴은 뭐고, 매일 달라진다는 건 또 무슨 이야기냐고? 지구의 얼굴이란 바로 우리가 살고 있는 땅의 모양을 말해. 땅은 비와 바람, 흐르는 강물, 바닷가에 치는 파도와 빙하의 움직임에 따라서 날마다 조금씩 변하고 있어. 막 태어났을 때와 지금 우리 모습이 다른 것처럼 말이야.

헉, 북극의 빙하 크기 좀 봐. 점점 줄어드나 봐!

2007

우리의 겉모습이 바뀌었음을 확인하는 가장 좋은 방법은 어릴 때와 지금 사진을 비교해 보는 거야. 마찬가지로 지구의 얼굴이 어떻게 달라졌는지는 과거와 현재 모양을 비교하면 알 수 있지. 과거의 지구 사진이 없는데 어떡하냐고? 지표면에 남은 과거의 흔적을 살펴보면 지구의 옛 모습을 추측할 수 있어.

화석이 대표적인 예야. 산속에서 바다 생물의 화석이 발견된다면 그곳이 먼 옛날에는 깊은 바닷속이었다는 사실을 알 수 있어. 또 어떤 퇴적암층에 층층마다 서로 다른 종류의 화석이 있다면, 그 동물이 살았던 환경을 조사해서 지구의 얼굴이 어떻게 달라졌는지 추측할 수 있지.

2011

물은 땅 디자이너!

지구의 얼굴을 바꾸는 가장 대표적인 자연 현상은 돌고 도는 **물의 순환**이야. 물은 바다에서 공기 중으로, 다시 땅과 바다로 이동하면서 지구의 얼굴을 바꾸지.

지구 표면의 약 70퍼센트는 물로 덮여 있어. 바다, 강, 호수, 빙하, 지하수 등 지구에는 물이 참 많아.

물과 지표면이 만나는 곳에서는 언제나 물이 지표면을 깎아 내는 **침식 작용**이 일어나. 제주도 바닷가의 기암절벽을 본 적 있니? 기이하게 생긴 바위와 깎아지른 낭떠러지는 모두 오랜 세월 파도가 바위를 깎아 내서 만든 거야.

그뿐만이 아니야. 바닷물이 수증기가 되어 구름이 만들어지고, 그 구름에서 비가 내리는 과정을 통해 땅의 모양이 바뀌기도 해.

비가 어떻게 땅의 모양을 바꾸냐고? 하늘에서 내리는 비는 계곡과 강으로 흘러 들어가서 땅을 조금씩 깎아 내는 침식 작용을 일으켜. 갑자기 큰 폭우가 내리면 산에서 흙과 돌덩이가 쏟아져 산사태가 일어나기도 하지. 산사태는 물에 의해 지표면의 모습이 극단적으로 빠르게 변하는 현상이야. 산사태가 생기면 얼굴에 상처가 난 것처럼 산의 모양이 확 달라지게 돼.

강의 흐름이 쇠뿔 모양 호수를 만들어!

여원이가 사진에 담은 쇠뿔 모양 호수는 **우각호**라고도 하는데, 우리나라뿐 아니라 세계 곳곳에서 발견돼. 특히 강물이 굽이쳐 흐르는 곳 주변에서 많이 찾아볼 수 있지.

어떻게 전 세계에서 비슷한 모양의 호수가 발견되는 거냐고? 굽이굽이 흐르는 강물 주변에 있는 호수가 대부분 쇠뿔 모양이라면, 강물이 호수를 만드는 데 중요한 역할을 했다고 생각할 수 있지 않을까?

으잉? 내 뿔이랑 똑같이 생겼어!

우각호는 원래 강의 일부였어. 에스(S) 자 모양인 강에서 휘돌아 흐르는 부분이었지.

강이 휘돌아 흐르면 휘어진 바깥쪽 물은 속도가 빠르고 안쪽 물은 상대적으로 속도가 느려. 그래서 바깥쪽에서는 물이 빠르게 흐르면서 땅을 계속 깎아 내고, 안쪽에서는 물에 떠 있던 물질들이 바닥에 가라앉지.

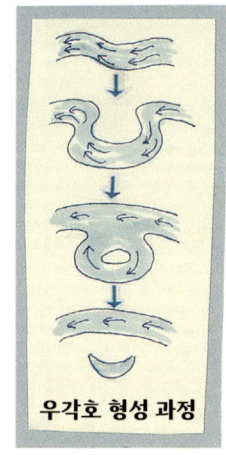
우각호 형성 과정

그러다가 어느 날 큰비가 내리면 강물이 넘쳐서 직선으로 빠르게 흐르게 돼. 시간이 지나면서 구부러진 강줄기가 끊어져 남은 흔적이 우각호야. 우각호가 있으면 과거에 강물이 흐르던 모양을 추측해 볼 수 있어.

우리나라 서해안과 남해안의 비밀

물이 땅 디자이너라는 말이 실감 나니? 흐르는 물이 만들어 낸 지형은 그뿐만이 아냐. 우리나라 지도를 한번 펼쳐 봐. 동해안은 매끈한데, 서해안과 남해안은 울퉁불퉁한 모양이지? 이것도 흐르는 강물에 의해 만들어진 거야.

아주 옛날 지구가 엄청나게 추웠을 때 지금의 서해안과 남해안은 산이었어. 그 산에 있는 계곡은 오랜 시간 물이 흐르면서 브이(V) 자 모양을 하게 됐지. 계곡은 물의 흐름이 빠르고, 좌우보다는 바닥을 더 잘 침식시켜. 그래서 오랜 시간 계곡이 파이면서 브이(V) 자 모양이 만들어진 거야.

시간이 흘러 지구의 기온이 올라갔고, 남극과 북극의 빙하가 녹으면서 바닷물의 높이가 높아지기 시작했어. 그러자 원래 계곡이 있던 곳은 바다에 잠기게 됐지. 어떤 산봉우리는 육지로 남았고 말이야. 그러니까 당연히 육지와 바다의 경계인 해안선이 들쭉날쭉해지겠지? 우리나라 서해안과 남해안의 구불구불하고 복잡한 해안선과 많은 섬들은 이런 과정을 거쳐서 만들어졌어. 이런 모양의 지형을 **리아스식 해안**이라고 부르지.

모래 언덕을 만드는 바람

 지구의 얼굴을 날마다 바꾸는 건 물뿐이 아니야. 쉴 새 없이 부는 바람도 지구의 얼굴을 바꿔. 사막과 바닷가에서 볼 수 있는 모래 언덕이 바람의 대표적인 작품이지.
 모래 언덕은 바람을 타고 온 모래가 쌓여서 만들어진 거야. 사구라고도 불리지. 바람의 세기에 따라 10센티미터 높이의 아담한 것부터 100미터가 넘는 거대한 것까지 다양해.

모래 언덕의 모양은 바람이 부는 방향에 따라 각양각색이야. 보통 해안가에서는 내륙 쪽으로 오목한 포물선 모양의 모래 언덕이 만들어져. 사막에서는 모래 언덕의 양쪽 끝부분이 바람이 부는 방향으로 꺾여서 초승달 모양을 이룬 것이 있는가 하면, 여러 방향에서 불어온 바람으로 별 모양이 만들어지기도 하지. 사막은 시시때때로 모래를 쌓아서 새로운 지형을 만드는 바람의 실험실이라고 할 수 있단다.

이런 모래 언덕은 외국에서만 볼 수 있는 게 아니야. 우리나라의 충청남도 태안 신두리 해변과 전라남도 신안 우이도 해변에서도 모래 언덕을 볼 수 있어.

바람이 부는 방향에 따라 사구의 모양이 달라져.

초승달 모양 사구   별 모양 사구   포물선 모양의 해안 사구

> 더 알아보기

지구 생명력의 근원, 지구와 달의 공전과 자전

지구를 살아 움직이게 하는 또 다른 생명력의 근원은 바로 태양과 지구, 그리고 달이 이루는 놀라운 '균형'이야.

지구는 태양 주위를 돌고, 달은 지구 주위를 도는 공전 운동을 한다는 거 알고 있지? 또 지구는 하루에 한 번씩 자기 스스로 한 바퀴를 도는 자전 운동도 하고 있어.

지구와 태양, 달이 지금보다 더 멀어지거나 가까워지지 않고, 이 궤도를 유지하면서 공전과 자전 운동을 한다는 사실은 지구를 살아 있게 하는 가장 중요한 요소야.

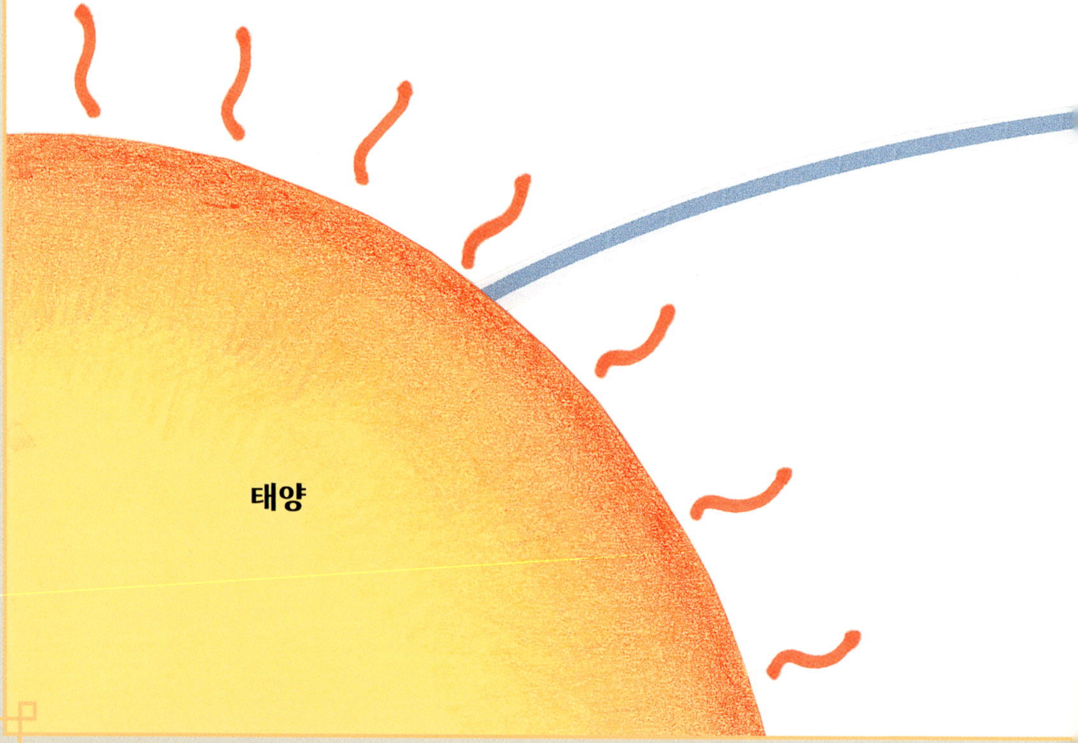

태양

지구는 태양 주위를 타원 모양의 궤도를 따라 도는데, 태양으로부터의 위치와 태양 빛을 받는 정도에 따라 사계절이 생겨. 그리고 지구가 자전을 해야 낮과 밤이 생기고 지구의 대기가 순환하게 되지.

달의 공전 운동은 달이 끌어당기는 힘에 이끌린 바닷물이 밀물과 썰물을 일으키도록 만들어. 이렇게 계절이 생기고 대기와 바닷물이 순환해야만 우리가 사는 지표면을 변화시키는 침식 작용 등이 일어나게 되는데, 만약 이 균형이 무너지면 지표면을 디자인하는 자연 현상이 사라지는 것은 물론이고 지구는 생명체가 살 수 없는 행성이 되어 버릴 거야.

태양과 지구와 달이 이루는 놀라운 균형!

 도전! 퀴즈 왕

1. 아래 설명을 잘 읽고 틀린 것을 고르세요.

① 산속에서 오래전 바다에 살던 생물의 화석이 발견됐다면 그곳이 먼 옛날에는 깊은 바닷속이었다는 사실을 알 수 있어요.

② 지구 표면의 약 70퍼센트는 물로 덮여 있어요. 바다와 강, 호수, 빙하, 지하수 등 지구에는 물이 참 많아요.

③ 물과 지표면이 만나는 곳에서는 물이 지표면을 깎아 내는 침식 작용이 일어나요.

④ 산사태는 비가 내리는 것과는 관련이 없는 현상이에요.

2. 아래 글을 읽고 무엇에 대한 설명인지 쓰세요.

- 쇠뿔 모양의 호수예요.
- 에스(S) 자 모양의 강에서 시작되었어요.
- 우리나라 말고도 세계 곳곳에서 발견돼요.

3. 아래 문장을 잘 읽고 맞으면 ○, 틀리면 ✗ 표시 하세요.

- 아주 오랜 옛날 지구가 엄청나게 추웠을 때 지금의 서해와 남해 바닷가는 산이었어요. (   )
- 계곡은 물의 흐름이 빠르고, 좌우보다는 바닥을 더 잘 침식시켜요. (   )
- 남극과 북극의 빙하가 녹으면 바닷물의 높이가 낮아져요. (   )
- 우리나라 서해안과 남해안은 육지와 바다의 경계인 해안선이 들쭉날쭉해요. (   )

4. 아래 글을 잘 읽고 괄호 안의 단어 중 맞는 것에 동그라미 치세요.

① 지구는 태양 주위를 도는 (공전, 자전) 운동을 하고, 달은 지구 주위를 도는 (공전, 자전) 운동을 하고 있어요.

② 지구는 자기 스스로도 한 바퀴를 도는 (공전, 자전) 운동을 하고 있어요.

③ 지구는 태양 주위를 (타원, 원, 세모) 모양의 궤도를 따라 돌고 있어요.

④ 지구가 자전 운동을 하는 동안 (낮과 밤, 사계절)이 생겨요.

질문 있어요!

지구가 자전과 공전을 하지 않으면 어떻게 되나요?

지구는 항상 일정한 속도로 자전과 공전 운동을 하고 있어. 그래서 낮과 밤이 생기고 사계절이 생기지. 그런데 지구가 갑자기 자전과 공전을 멈춘다면? 그러면 지구에서는 생명이 살 수 없게 될 거야!

먼저 지구가 자전을 하지 않는다고 생각해 볼게. 그러면 태양을 바라보는 쪽은 늘 햇빛이 내리쬐는 낮만 있을 거야. 반대편은 영원히 밤이겠지. 단순히 빛을 볼 수 없는 걸 넘어서 지구의 한쪽은 엄청나게 뜨거워지고, 다른 쪽은 차가워지기 때문에 생물이 살기 어려워지게 돼.

공전을 하지 않아도 마찬가지야. 지구는 자전축이 약간 기울어진 상태로 태양 주위를 돌고 있어. 그 때문에 태양 빛을 많이 받는 지역과 적게 받는 지역이 공전하는 위치에 따라 달라지면서 계절이 생기지. 그런데 지구가 공전을 하지 않는다면? 어느 곳은 늘 뜨거운 여름만 이어질 거고 어느 곳은 추운 겨울만 지속될 거야. 처음에는 사람이 살지 못할 정도는 아니겠지만 점차 생물이 살 수 없는 극한의 환경으로 변해 갈 거야.

⑤ 지구가 살아 있는 게 왜 중요할까?

생명체를 숨 쉬게 하는 지구

꿈틀거리는 지구가 생명을 살아 숨 쉬게 해!

지구는 살아 있어! 지구가 움직이기 때문에 산이 생기고, 지구가 에너지 활동을 하기 때문에 화산과 지진이 일어나. 또 사람처럼 시간이 흐르면 지구의 모습도 변하지.

그런데 지구가 살아 있는 것이 나랑 무슨 관련이 있냐고? 오히려 지구가 살아 움직이면 그 위에 사는 사람들이 위험해지는 것 아니냐고?

그렇게 생각하면 곤란해. 물론 화산과 지진 같은 자연재해가 일어나면 사람들이 다치거나 목숨을 잃을 수 있어. 하지만 지구가 살아 있기 때문에, 우리가 지구에서 살 수 있다는 사실을 기억해야 해.

만약 화산과 지진을 일으키는 지구의 에너지가 없다면 어떻게 될까? 지구의 에너지가 없어서 지각판이 움직이지 않으면 우리가 사는 한반도는 만들어지지 못했을 거야. 한반도 역시 몇 개의 판이 서로 충돌해서 만들어졌거든.

또 화산이 폭발할 때 나오는 수많은 무기물들이 사라지면 생태계가 혼란에 빠지게 될 거야. 화산이 내뿜는 무기물은 땅을 비옥하게 해 줘. 또 바닷속 화산이 바다 생물이 살아가는 데 필요한 무기물을 공급해 주지 않으면 인간을 비롯한 많은 동식물이 살아갈 수 없지.

이뿐만 아니라 화산 활동과 지각판의 충돌은 금, 다이아몬드 같은 중요한 광물을 만들어 내기도 해.

지구가 몸살을 앓고 있다고?

지구는 탄생한 순간부터 지금까지 생명 활동을 계속해 왔어. 그런데 최근에는 지구의 생명 활동에 영향을 미치는 새로운 요소가 하나 생겼어. 바로 '사람'이야.

불과 몇백 년 전까지만 해도 지구는 스스로 생명 활동을 통제할 수 있었어. 하지만 사람들이 화석 연료를 지나치게 사용하고, 자연을 훼손하면서 지구 곳곳에서 이상 현상이 일어나고 있지.

먼저 공기 중에 사람이 만든 오염 물질이 늘어나면서 생태계가 파괴되고 있어.

지구 온난화로 남극과 북극의 빙하가 녹고 있고, 해수면이 점점 높아지면서 투발루 같은 섬나라는 바다에 잠길 위기에 처했어.

물을 낭비하는 것도 큰 문제야. 우즈베키스탄과 카자흐스탄 사이에 있는 아랄해는 이름에 바다 해(海)자가 들어갈 만큼 큰 호수였어. 세계에서 네 번째로 큰 호수였지. 하지만 사람들이 농사를 짓기 위해 마구잡이로 물을 끌어다 쓰는 바람에 지금은 사라질 위기에 처했어.

또 최근에는 무분별하게 지하 공간을 개발하면서 도시 곳곳에 구멍이 뚫리는 '싱크홀' 현상도 나타나고 있어. 땅속을 채우고 있던 지하수가 빠져나가서 땅이 내려앉아 버리는 거야.

으악! 땅이 잠기고 있어!

생명체인 지구를 존중해야 해!

지구는 우리처럼 스스로 에너지를 갖고 움직이는 생명력을 가져. 하나의 생명체라고 볼 수 있지.

가족과 친구, 그리고 집에서 키우는 반려동물처럼 살아 있는 생명체를 대할 때는 어떤 태도를 가져야 할까? 내 멋대로 상대방을 다루지 않고, 존중하며 소중히 여기는 것이 바른 태도 아닐까?

지구를 대하는 태도 역시 그래야 해. 지구는 생명력을 가지고 인간과 동물, 식물을 포함한 지구상의 모든 생명체가 살아갈 터전이 되어 주기 때문이지. 지구를 아끼고 존중해야 지구가 오랫동안 건강한 생명력을 유지할 수 있고, 그 안에 사는 우리도 안전하고 행복할 수 있어. 아직 이 땅에 태어나지 않은 다음 세대들에게 건강하고 아름다운 지구와 자연을 물려줘야 하지 않을까?

> 더 알아보기

사람은 지구의 모습을 어떻게 바꾸었을까?

이제는 지구가 생명체처럼 에너지를 가지고 움직이며, 시시각각 그 모습이 변해 가고 있다는 거 잘 알겠지? 그런데 말야, 최근에는 자연스러운 변화가 아니라 사람 때문에 생기는 변화로 지구가 몸살을 앓고 있어. 이런 변화는 사실 변화가 아닌 파괴라고도 볼 수 있지.

사람들이 억지로 지구의 모습을 바꾼 사례는 셀 수 없이 많아. 물론 그 중에는 어쩔 수 없는 경우도 있어. 농사를 짓기 위해 나무를 베어 논이나 밭을 만든다거나, 도로를 만드는 것처럼 말이야. 하지만 자연환경을 변화시키거나 이용하려고 욕심을 부리다가 지구도 상처를 입고, 사람도 큰 피해를 입는 경우가 많아지고 있어서 문제야.

대표적으로 쉴 새 없이 오염 물질을 배출하는 인간의 산업 활동이 있어. 공기 중에 배출된 이산화 탄소와 각종 온실가스 때문에 지구 온난화가 빠르게 진행되고 있거든. 온실가스는 태양 에너지가 지구 밖으로 빠져나가는 걸 방해해서 지구를 더 뜨겁게 만드는데, 온실가스가 직접 문제를 일으키는 것은 아니지만 지구 온난화를 일으켜 지형을 변화시키고 있지. 남극과 북극의 빙하가 녹는 것이 대표적인 예야.

게다가 공장에서 배출하는 가스나 자동차 배기가스 등으로 만들어지는 미세 먼지, 쓰다 버린 플라스틱에서 생겨나는 미세 플라스틱들은 지구의 얼굴을 망가트리고 있어. 지형을 변화시키는 것은 아니지만 깨끗한 지구의 대기와 해양을 오염시키고 있지.

사람에 의해 생긴 지구의 변화는 결국 사람에게로 되돌아오고 있어. 우리가 지구를 소중히 여기고 보호해야 하는 이유는 결국 그게 우리 자신을 위한 것이기 때문이기도 해!

오염 물질들 때문에 숨을 못 쉬겠어!

⭐ 도전! 퀴즈 왕

1. 화산과 지진을 일으키는 지구의 에너지가 주는 유익한 효과가 아닌 것은 무엇일까요?

① 지구의 에너지가 없어서 지각판이 움직이지 않으면 우리가 사는 한반도는 만들어지지 못했을 거예요.

② 화산이 내뿜는 무기물은 바다 생물이 살아가는 데 필요해요.

③ 화산 활동과 지각판의 충돌은 금과 다이아몬드 같은 광물을 만들어요.

④ 바닷속에서 생긴 지진이나 화산으로 지진 해일이 발생해야 바닷물이 지구 곳곳으로 흘러갈 수 있어요.

2. 아래 글을 잘 읽고 괄호 안에 들어갈 알맞은 말을 써 보세요.

> 지구는 탄생한 순간부터 지금까지 생명 활동을 계속해 왔어요. 그런데 최근에는 지구의 생명 활동에 영향을 미치는 새로운 요소가 하나 생겼어요. 바로 (ㅅㄹ)이에요.
> 불과 몇백 년 전까지만 해도 지구는 스스로의 생명 활동을 자율적으로 통제할 수 있었어요. 하지만 (ㅅㄹ)들이 화석 연료를 지나치게 사용하고, 자연을 훼손하면서 지구 곳곳에서 이상 현상이 일어나고 있어요.

3. 왼쪽 설명에 맞는 단어를 찾아 줄을 그어 보세요.

| ① 이것 때문에 남극과 북극의 빙하가 빠르게 녹아내리고 있어요. | • | • | ㉠ 아랄해 |

| ② 물을 낭비하면서 우즈베키스탄과 카자흐스탄 사이에 있는 이 호수가 메말라 가고 있어요. | • | • | ㉡ 지구 온난화 |

| ③ 무분별하게 지하 공간을 개발하면서 도시 곳곳의 바닥에 구멍이 뚫리는 현상이에요. | • | • | ㉢ 해수면 상승 |

| ④ 섬나라 투발루는 이것 때문에 바다에 잠길 위기에 처했어요. | • | • | ㉣ 싱크홀 |

4. 아래 상자의 글을 잘 읽고 빈칸에 알맞은 단어를 써 보세요.

쉴 새 없이 오염 물질을 배출하는 인간의 산업 활동이 지구를 위협하고 있어요. 공기 중에 배출된 이산화 탄소와 각종 (①) 때문에 (②)가 빠르게 진행되고 있거든요. (①)는 태양 에너지가 지구 밖으로 빠져나가는 걸 방해해서 지구를 더 뜨겁게 만들어요. (①)가 직접 문제를 일으키는 것은 아니지만 (②)를 일으켜 지형을 변화시키는 거지요.

①_____ ②_____

> 질문 있어요!

 **지구와 똑같은 행성이 있을까요?**

과연 광활한 우주에 지구처럼 생명체가 살 수 있는 행성이 또 있을까? 과거에는 상상만 할 뿐이었지만 요즘 과학자들은 최첨단 망원경을 이용해서 지구와 유사한 조건을 가진 외계 행성을 찾고 있어.

과학자들은 지구와 같은 행성을 찾기 위해 '골디락스 존'이라는 조건을 생각해 냈어. 태양과 지구처럼 적당한 거리를 유지하고, 뜨겁지도 차갑지도 않은 적당한 온도를 가진 행성들 중에 지구 같은 행성이 있을 거라고 생각한 거야. 이런 행성들을 '골디락스 행성'이라고 해.

최근 골디락스 행성들이 속속 발견되고 있어. 지구와 비슷한 크기에 385일의 공전 주기를 갖는 행성도 발견했지. 하지만 워낙 멀리 떨어져 있기 때문에 실제로 골디락스 행성에 생명체가 살고 있는지는 확인하기 어려운 상황이야.

글쓴이 **최영준**

천문학자를 꿈꾸던 어린 시절을 거쳐 과학 전문 기자로 12년간 활동했다. 지은 책으로 『자연재해로부터 탈출하라!』, 『화산이 들썩들썩! 백두산이 폭발한다면?』, 『지구가 흔들흔들! 해운대에 지진이 일어난다면?』, 『도시가 깜빡깜빡! 대정전이 일어난다면?』, 『초등학교 때 꼭! 해야 할 재미있는 창의 활동 365』(공저) 등이 있다.

그린이 **한수진**

즐거운 아이, 슬픈 아이, 외로운 아이, 고민이 많은 아이……. 각자 지금의 감정은 다르더라도, 세상의 모든 아이들이 책 속에서 즐거운 자신만의 세계를 찾아가며 자신들의 꿈을 펼쳐 나가길 바란다. 그린 책으로 『악플 전쟁』, 『몹시도 수상쩍은 과학 교실』, 『아기 까치의 우산』, 『우리 또 이사 가요!』, 『국경을 넘는 아이들』 등이 있다.

5 지진과 화산

과학은 쉽다!

1판 1쇄 펴냄 2020년 2월 25일   1판 4쇄 펴냄 2022년 1월 20일
2판 1쇄 펴냄 2022년 4월 20일   2판 5쇄 펴냄 2025년 2월 26일
글 최영준 그림 한수진
펴낸이 박상희 **편집장** 전지선 **편집** 송재형 **디자인** 정상철, 정경아
펴낸곳 (주)비룡소 출판등록 1994. 3. 17(제16-849호)
주소 06027 서울시 강남구 도산대로1길 62 강남출판문화센터 4층
전화 02)515-2000 **팩스** 02)515-2007 **홈페이지** www.bir.co.kr
제품명 어린이용 반양장 도서 **제조자명** (주)비룡소 **제조국명** 대한민국 **사용연령** 3세 이상

ⓒ 최영준, 한수진, 2020. Printed in Seoul, Korea.

ISBN 978-89-491-8932-1 74400 / 978-89-491-8927-7(세트)